Was ich dir wünsche

Heidi und Hannes Bräunlich sind begeisterte Hobby-Fotografen. Von ihren Reisen in alle Welt brachten sie viele Fotos mit. Zu besonderen Anlässen hatten sie die Idee, genau passende Wünsche zu diesen Bildern zu schreiben. Damit fanden sie bei Freunden und Verwandten so großen Anklang, dass ein Millionen-Bestseller daraus wurde.

Inzwischen gibt es folgende Bücher von Heidi und Hannes Bräunlich:

Was ich dir wünsche
ISBN 978-3-89008-560-9

sowie die Miniausgaben:

Was ich dir wünsche
ISBN 978-3-89008-594-4

Meine besten Wünsche für dich
ISBN 978-3-89008-347-6

Textnachweis: Wir danken allen Autoren, die uns freundlicherweise die Erlaubnis zum Abdruck ihrer Texte gegeben haben, sowie folgenden Verlagen: dem Gütersloher Verlagshaus, Gütersloh, in der Verlagsgruppe Random House GmbH, München für den Text von Dietrich Bonhoeffer S. 34, dem Maximilian Dietrich Verlag für die Texte von Zenta Maurina S. 58 und 158; S. 42: Michael Ende, Momo, © 1973 by Thienemann Verlag (Thienemann Verlag GmbH), Stuttgart – Wien; S. 125: Kurt Marti, Leichenreden. Mit einem Vorwort von Peter Bichsel. © 2001 Nagel & Kimche im Carl Hanser Verlag, München; S. 182: Hilde Domin, Nicht müde werden. Aus: dies., Gesammelte Gedichte, © S. Fischer Verlag GmbH, Frankfurt am Main 1987.
Printed in Malaysia

ISBN 978-3-89008-331-5

097002-5052-05

Ein Lächeln schenken

Geschenke sollen ein Lächeln auf Gesichter zaubern und die Welt für einen Moment zum Stehen bringen. Für diesen Augenblick entwickeln wir mit viel Liebe immer neue GROH-Geschenke, die berühren.

In ihrer großen Themenvielfalt und der besonderen Verbindung von Sprache und Bild bewahren sie etwas sehr Persönliches.

Den Menschen Freude zu bereiten und ein Lächeln zu schenken, das ist unser Ziel seit 1928.

Ihr

Joachim Groh

GROH

Die Welt ist immer größer
und staunenswerter,
als wir begreifen.

Otto Gillen

Wir müssen
im Freien spazieren gehen,
dass unter dem
weiten Himmel
und in der frischen Luft
die Seele weiter werde
und sich erhebe.

Seneca

Augenblicke innehalten und den
Zauber des Winters
auf sich wirken lassen.
Friederike Weichselbaumer

Ahme den Gang der Natur nach.
Ihr Geheimnis ist Geduld.

Ralph Waldo Emerson

Die Natur braucht
die Stille des Winters,
damit auch sie
vom Frühling träumen kann.

Irmgard Erath

Nimm dir Zeit.
Wer immer in Eile ist,
begegnet niemandem -
nicht einmal sich selbst.

aus Frankreich

Der Stille entspringt alles Große.
Paul Richard Luck

Kein Feuer kann sich
mit dem Sonnenschein
eines Wintertages messen.

Henry David Thoreau

Nichts muss so bleiben,
wie es ist. Jeder Tag ist ein
neuer Anfang für alles.

Johanna Rückert

Überall ist Wunderland.

Joachim Ringelnatz

Die größten Ereignisse,
das sind nicht unsere lautesten,
sondern unsere
stillsten Stunden.

Friedrich Nietzsche

Das größte Glück
liegt in den kleinen Dingen.
Wilhelm Busch

Lasset uns immer in den
großen Traum des Lebens
kleine bunte Träume
weben.

Jean Paul

Christrosen

Kleine Winterwunder

Mitten im Winter, wenn die Luft klirrend kalt ist und die restliche Natur tief und fest schläft, blüht wie von Zauberhand eine Blume auf: die Christrose. Manchmal ist sie sogar schon zur Weihnachtszeit im Wald, in den Bergen oder auch im Garten zu finden.

Die zarten, weißen Blüten trotzen Schnee, Kälte und Frost. Oft wird die Christrose deshalb auch Schneerose genannt. Wenn du die Winterblüher in deinem Garten gut pflegst, können sie mehrere Jahrzehnte alt werden und dir so jeden Winter eine kleine Freude bereiten. In der freien Natur sind sie jedoch selten und stehen deshalb unter Naturschutz.

Welche kleinen Winterwunder gibt es in deinem Garten zu bestaunen?

An Wundern
ist niemals Mangel in der Welt.

Gilbert Keith Chesterton

In jedem Geschöpf der Natur
lebt das Wunderbare.

Aristoteles

Die Welt ist voll
von magischen Dingen,
die geduldig darauf warten,
dass unsere Sinne
schärfer werden.

William Butler Yeats

Die Blumen des Frühlings
sind die Träume des Winters.

Khalil Gibran

Ich wüsste gerne,
ob der Schnee die Bäume
und die Felder liebt,
wo er sie so zärtlich küsst.

Lewis Carroll

Jeder muss sich
im Leben so viele
glückliche Augenblicke
verschaffen wie möglich.

Charles de Montesquieu

In der vollkommenen Stille
hört man die ganze Welt.

Kurt Tucholsky

Weihnachten!
Welch ein Zauber
liegt in diesem
Wort!
Marie von Miller

In jedem Winter
steckt ein zitternder Frühling,
und hinter jeder Nacht
verbirgt sich ein
lächelnder Morgen.

Khalil Gibran

Der Sommer

deiner Erinnerungen

wärmt dich auch

an Wintertagen.

Angelika Emmert

Die Erde hat Musik für diejenigen,
die zuhören.

William Shakespeare

Übe dich in Langsamkeit.
Novalis

Die Welt ist schön,
weil man immer wieder Neues entdeckt,
worüber man sich freuen darf.

Adalbert Ludwig Balling

Aurora Borealis

Ein Feuerwerk der Natur

Die Welt steckt voller Wunder und Naturschauspiele.
Eins der schönsten von ihnen sind die Polarlichter.
Sie lassen den Nachthimmel blau, grün oder violett erstrahlen.

Meistens leuchten die Nordlichter in den Polargebieten,
wie in Alaska, Kanada, Island oder Skandinavien. Früher sahen die Menschen
in ihnen oft ein Zeichen der Götter, die schlimme Dinge vorhersagten.
Heute wissen wir, dass die magischen Lichter durch Sonnenwinde entstehen.

Im Winter, wenn die Nächte lang und dunkel sind, kann man
die Polarlichter am besten beobachten. Am häufigsten kommen sie
im nördlichen Finnland vor – in etwa 200 Nächten pro Jahr.

Das Schönste, was wir erleben können,
ist das Geheimnisvolle.
Albert Einstein

Sind Berge, Wellen, Lüfte nicht ein
Stück von mir?

Wilhelm Busch

Wenn man auch allen Sonnenschein wegstreicht, so gibt es doch noch den Mond und die hübschen Sterne und die Lampe am Winterabend.

Es ist so viel schönes Licht in der Welt.

Wilhelm Raabe

Das Für immer
besteht aus vielen jetzt.

Emily Dickinson

Es gibt so wunderweiße Nächte,
drin alle Dinge Silber sind.
Rainer Maria Rilke

Winter

Erster Schnee
hat immer wieder etwas
Zauberhaftes.

Elfriede Engel

Der Himmel
ist ebenso unter unseren Füßen
wie über unserem Kopf.
Henry David Thoreau

Man muss sich
durch die kleinen Gedanken,
die einen ärgern, immer wieder
durchfinden
zu den großen Gedanken,
die einen stärken.

Dietrich Bonhoeffer

Die Natur
malt die schönsten
Bilder.
Ralph Waldo Emerson

In aller Stille
lässt die Natur die Blumen blühen,
die Früchte reifen, die Sterne leuchten ...
In aller Stille vollbringt sie die
größten Wunder.

Irmgard Erath

Nicht in die ferne Zeit verliere dich.
Den Augenblick ergreife. Der ist dein.

Friedrich Schiller

Du hast nur eines in aller Welt, was dir ganz gehört – das ist der Augenblick!

Friedrich Rittelmeyer

Den Puls des eigenen Herzens fühlen. Ruhe im Innern, Ruhe im Äußern. Wieder Atem holen lernen, das ist es.

Christian Morgenstern

Wer noch staunen kann, wird
auf Schritt und Tritt beschenkt.
Oskar Kokoschka

Dass die Welt ein Geheimnis ist,
macht sie noch schöner.
Fjodor Dostojewski

Schau tief in die Natur,
und dann wirst du alles
besser verstehen.

Albert Einstein

Die Reise der Zugvögel

Jedes Jahr im Herbst begeben sich Millionen von Vögeln auf ihre lange Reise in den Süden.

Wie weit sie tatsächlich fliegen, ist ganz unterschiedlich. Manche Arten siedeln sich im Winter in Italien an, andere fliegen bis nach Afrika. Die kleinsten Zugvögel Europas sind die Sommergoldhähnchen, die gerade einmal 13 Zentimeter Flügelspannweite haben und nur sechs Gramm wiegen. Umso beeindruckender, dass die Kleinen jedes Jahr bis zum Mittelmeer und wieder zurückfliegen. Manche Vogelarten überwintern aber auch hierzulande. Etwa 60 Vogelarten kommen als Gäste aus Skandinavien, Russland oder dem Baltikum zu uns.

Welche Vögel kannst du vor deinem Fenster beobachten?

Letztlich ist Freiheit etwas,
was aus der Seele kommt.
Lucy Maud Montgomery

Mögest du dir die Zeit nehmen,
die stillen Wunder zu feiern,
die in der lauten Welt
keine Bewunderer haben.
Irischer Segenswunsch

Du kannst das Leben
nicht verlängern noch verbreitern,
nur vertiefen.

Gorch Fock

Das Geheimnis des Wandels:
Konzentriere nicht deine ganze Kraft
auf das Bekämpfen des Alten,
sondern darauf, das Neue
zu formen.

Sokrates

Bäume sind Gedichte,

die die Erde in
den Himmel schreibt.

Khalil Gibran

Die Wildnis ist es, die die Welt bewahrt.
Henry David Thoreau

Die Natur muss gefühlt werden.

Alexander von Humboldt

Der kleine Vogel im Sturm –
nichts vermag ihn zu erschrecken,
weder Wind noch Regen.
Er weiß, dass hinter den Wolken
seine Sonne immer
noch scheint.

Therese von Lisieux

Geborgenheit
ist freilich ein stärkeres Wort
für Glück.
Johann Wolfgang von Goethe

Die Welt ist so schön und wert,
dass man um sie kämpft.

Ernest Hemingway

Manche Dinge
lernt man am besten
in der Stille,
manche im Sturm.

Willa Cather

Die Tiefe
der Menschenseele
birgt unergründliche
Kräfte.

Franz von Assisi

Es gibt mehr Dinge im Himmel und auf Erden,
als eure Schulweisheit sich träumen lässt.

William Shakespeare

Achte auf das Kleine in der Welt,
das macht das Leben
reicher und zufriedener.
Carl Hilty

In der Stille der Natur
ist es gut möglich, ungestört
eine Zwiesprache mit
dem eigenen Herzen zu halten.

Yvonne Mölleken

Indian Summer

Was bei uns als Altweibersommer bekannt ist, wird im Nordosten und mittleren Westen der USA und in Kanada als Indian Summer bezeichnet.

In dieser besonderen Zeit setzt die Natur noch einmal zu einem wahren Feuerwerk der Farben an, die Tage sind warm, der Himmel strahlend blau. Schon im August beginnt die strahlend schöne Blattverfärbung der Birken- und Ahornbäume an den Berghängen Kanadas. In Neuengland erreicht sie im Oktober ihren Höhepunkt. Die wundersame Wetterlage des Indian Summer wird von einem großen Hochdruckgebiet entlang der amerikanischen Ostküste ausgelöst und ist jedes Jahr eine kleine Atempause vor dem langen Winter.

Was magst du am meisten am Herbst?

ES GIBT EINE STILLE DES HERBSTES
BIS IN DIE FARBEN HINEIN.

Hugo von Hofmannsthal

Wer viel gewinnen will,
muss auf die kleinen Dinge
achtsam sein.

Maria Ward

Die Erde ist noch immer
voll schöner Wunder.

Joseph von Eichendorff

Wir sind
verwurzelt, sagen
die alten Bäume. Sonst
wären wir nicht.
Erhard Horst Bellermann

Im Herbst sammelte ich
alle meine Sorgen und vergrub sie
im Garten. Als der Frühling
wiederkehrte, da wuchsen in meinem
Garten schöne Blumen.

Herbst

Der Herbst
ist immer unsere
beste Zeit.

Johann Wolfgang von Goethe

Der Sommer,
der vergeht, ist wie ein Freund,
der uns Lebewohl sagt.

Victor Hugo

Wer liebt,
für den ist immer Sommer.

Johanna Rückert

Lass das Steuer los.
Trudle durch die Welt.
Sie ist so schön.

Kurt Tucholsky

Die vielen Bäume
und die wenigen Menschen –
die machen den
Wald so schön.

Otto Weiss

Es regnet Sternschnuppen …

Du wünschst dir was? Dann solltest du im August
unbedingt einen Blick in den Nachthimmel wagen,
denn in der ersten Monatshälfte regnet es Sternschnuppen!

Das haben wir dem Meteorschauer der Perseiden zu verdanken.
Jedes Jahr kreuzt die Erde auf ihrer Bahn die Staubspur,
die der Komet 109P/Swift-Tuttle im All hinterlassen hat.
Wenn die Staubkörner in der Erdatmosphäre verglühen,
entstehen Sternschnuppen. In den Tagen um den 12. August
sind besonders viele von ihnen zu sehen. Bei guter Sicht kannst du
kurz nach Mitternacht etwa zehn bis 30 Sternschnuppen
in der Stunde bestaunen. In manchen Jahren sogar noch mehr.

Ein Blick in den Sternenhimmel lohnt sich also!

Ich weiß nichts mit Sicherheit,
aber der Anblick der Sterne
lässt mich träumen.
Vincent van Gogh

Glück, das ist
in beiden Händen
Blumen halten.

Weisheit aus Japan

Geh in die Wälder und Fluren und lerne von der Natur.
Dort findest du Antwort auf viele Fragen.

Bernhard von Clairvaux

Das Leben leicht tragen
und tief genießen ist doch die
Summe aller Weisheit.

Wilhelm von Humboldt

Was wir einmal erlebt haben,
können wir nie wieder verlieren.
Alles, was wir lieben,
wird ein Teil von uns.

Helen Keller

LASS DIE BLUME,
DIE DU IN DEINER HAND
HÄLTST, FÜR DIESEN
MOMENT DEINE
WELT SEIN.
Laozi

Die am Tag träumen,
kennen viele Dinge,
die den Menschen entgehen,
die nur nachts träumen.

Edgar Allan Poe

Wir können in die Stille gehen
und uns von unseren Tagträumen
die Richtung weisen lassen.

Virginia Woolf

Es gibt so viel Unglück auf der Welt,
dass man das Gute suchen,
das Große bewundern,
das Schöne genießen, kurz
jeden Sonnenstrahl
einfangen muss.

Oswald Bumke

Kleine Wetterkunde

Mittlerweile reicht ein kurzer Blick aufs Handy für eine Wettervorhersage. Doch die stimmt nicht immer. Deshalb kann es manchmal sinnvoll sein, selbst zum Wetterfrosch zu werden. Ein paar einfache Regeln können dir helfen:

Siehst du dünne Schleierwolken am Horizont, ist ein Verschlechterung des Wetters wahrscheinlich. Stehen große Türmchen-Wolken am Himmel kündigt sich ein Gewitter oder Regen an. Flammendes Morgenrot ist ebenfalls ein Vorbote von schlechtem Wetter.

Aber auch Bienen können bei der Wettervorhersage helfen. Fliegen sie nicht mehr fleißig umher, sondern halten sich in der Nähe ihres Stocks auf, wird es wohl bald regnen.

So schönes Wetter –

und ich noch dabei!

Wilhelm Raabe

Es ist doch erstaunlich, was ein einziger Sonnenstrahl
mit der Seele des Menschen machen kann.

Fjodor Dostojewski

Du musst nur
langsam genug gehen,
um immer in der Sonne
zu bleiben.

Antoine de Saint-Exupéry

DAS WASSER IST DAS SCHÖNSTE DING DER WELT.

Thales von Milet

Wir mögen die Welt
durchreisen, um das
Schöne zu finden,
aber wir müssen es in uns tragen,
sonst finden wir es nicht.

Ralph Waldo Emerson

Die schönsten Blumen
blühen oft
im Verborgenen.

aus Japan

DIE WELT,
DAS LÄSST SICH NICHT
BESTREITEN, HAT IHRE
ANGENEHMEN SEITEN.

Wilhelm Busch

Das Leben ist *bezaubernd*, man muss es nur durch die richtige Brille ansehen.

Alexandre Dumas

Man sollte für die Freude,
die Schönheit,
die Farbe des Lebens erglühen.

Oscar Wilde

Blumen sind die
Liebesgedanken
der Natur.
Bettina von Arnim

Tu was deinen Geist und
deine Seele nährt, freu dich
über Menschen und Dinge,
die dich erfüllen.
Geh in die Natur und erde dich,
tanke Kraft,
atme durch und lebe.

Angelika Emmert

Wo die wilden Erdbeeren wachsen …

Hast du schon mal das Wort Smultronställe gehört?

In Schweden werden Walderdbeeren als Smultron bezeichnet. Smultronställe sind die abgeschiedenen Orte, an denen sie wachsen. Im übertragenen Sinne sind Smultronställe aber noch viel mehr – sie sind Lieblingsorte, an die du immer wieder zurückkehren, dich wohlfühlen und den Trubel der Welt vergessen kannst. Die besten Smultronställe sind Wohlfühlorte, die mitten in der Natur und ein wenig versteckt liegen, wie ein abgelegener See, eine einsame Lichtung im Wald oder eine verborgene Ecke am Fluss.

Wo liegt dein absoluter Glücksort im Sommer?

Die ganze Welt ist voller
Wunder.
Martin Luther

Ach, diese Bauerngärten
mit den großen
roten Rosen der Provence,
den Weinreben, den Feigenbäumen!
Das ist sehr poetisch.
Die ewige Sonne strahlt gewaltig.
Trotzdem steht alles in
frischem Grün.

Vincent van Gogh

Alles, was du mit deinen Augen siehst,
ist für dich
und wird für dich sein.
Khalil Gibran

Orientiere dich an den Sternen, aber freue dich
über die Blume am Wegesrand.

Voltaire

Alles, was wir mit Wärme
und Enthusiasmus ergreifen,
ist eine Art von Liebe.

Wilhelm von Humboldt

Sommer

Der Sommer
macht den Menschen
zum Träumer.

Paul Keller

Das Glück besteht vielleicht im
Staunenkönnen.
Henri Duvernois

Ich würde mir wünschen,
dass in den Herzen
aller Menschen
auf ewig Frühling wäre!

Lucy Maud Montgomery

Die Welt gehört dem,
der in ihr mit Heiterkeit
nach hohen Zielen wandert.

Ralph Waldo Emerson

In der inneren Freiheit liegt der Schlüssel zum Wachstum.
Friederike Weichselbaumer

Aus kleinem Anfang
entspringen
alle Dinge.
Cicero

Je größer aber ein Mensch ist,
desto mehr neigt er dazu,
vor einer Blume niederzuknien.

Gilbert Keith Chesterton

Die Natur erwacht …

Pünktlich zum Frühlingsanfang erwachen viele Tiere wie Fledermäuse, Murmeltiere und Igel aus ihrem Winterschlaf oder ihrer Winterruhe.

Wie die Tiere wissen, dass es Zeit zum Aufwachen ist, ist bis heute nicht genau geklärt. Steigende Temperaturen könnten ein Wecksignal für sie sein, doch die Tiere scheinen auch eine innere Uhr zu haben. Möglicherweise spielt die Zunahme von Stoffwechselendprodukten eine Rolle beim Aufwachen.

Am längsten von allen schläft der Siebenschläfer. Er macht seinem Namen dabei alle Ehre: Schon im September fällt er in den Winterschlaf und erwacht erst wieder im Mai, wenn es wieder reichlich für ihn zum Schlemmen gibt.

Vorfrühling

seufzt in weiter Nacht,
dass mir das Herze brechen will.
Die Lande ruhn so menschenstill,
nur ich bin aufgewacht.

Christian Morgenstern

Alle guten Dinge sind
wild und frei.

Henry David Thoreau

Und plötzlich weißt du:
Es ist Zeit,
etwas Neues zu beginnen und dem
Zauber des Anfangs
zu vertrauen.

Meister Eckhart

In uns selbst
liegen die Sterne
unseres Glücks.

Heinrich Heine

Du findest mehr
in den Wäldern
als in den Büchern.

Bernhard von Clairvaux

Das Schöne am Frühling ist, dass er immer
dann kommt, wenn man ihn am dringendsten braucht.

Jean Paul

Um ruhig zu werden,
muss der Mensch nicht denken,
sondern träumen.

Johann Jacob Engel

Monde und Jahre vergehen, aber ein schöner Moment
leuchtet das ganze Leben hindurch.

Franz Grillparzer

Der Frühling ist die
schönste Zeit!
Was kann wohl schöner sein?
Da grünt und blüht es weit und breit.
Im goldnen Sonnenschein.

Annette von Droste-Hülshoff

Bluebells

Die blauen Frühlingsboten vom Atlantik

Jedes Jahr im April und Mai bildet das Atlantische Hasenglöckchen zauberhafte blaue Teppiche in Großbritannien, im Nordwesten Frankreichs sowie in Belgien und Irland. Vor allem in Buchen und Eichenwäldern fühlen sie sich zuhause.

Das klassische Zwiebelgewächs wird zwischen zwanzig und fünfzig Zentimeter hoch. Die Blüten sind zur Seite geneigte blaue Glocken. Sie gelten als die beliebtesten Blumen in Großbritannien. Kein Wunder da der lilafarbene Blütentraum nicht nur wundervoll duftet, sondern sich auch äußerst gut auf Fotos macht.

Welches sind deine liebsten Frühblüher?
Zieren sie schon deinen Schreibtisch?
Wenn nicht, wird es höchste Zeit.

Ein Spaziergang am Morgen
ist ein Segen für den ganzen Tag.

Henry David Thoreau

Unter den Zweigen der Kirschbäume in Blüte ist keiner ein Fremder.

Issa

Wir sollten jeden Tag
wie ein neues Leben
beginnen.

Edith Stein

Ein Sonnenstrahl reicht aus,
um viel Dunkel zu erhellen.

Franz von Assisi

Jeder Frühling
ist eine echte Auferstehung,
ein Stück Unsterblichkeit.

Henry David Thoreau

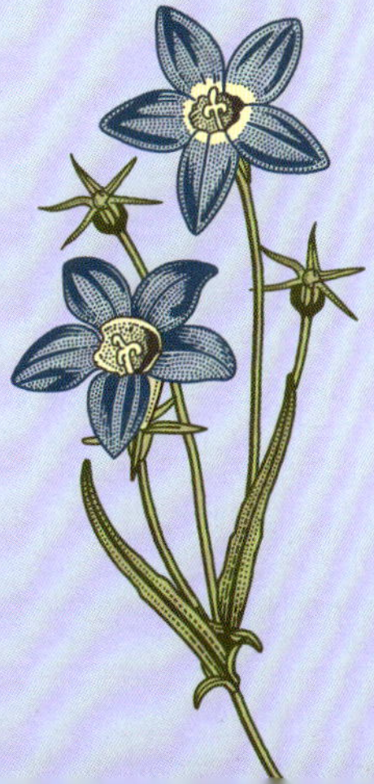

Begeistere dich für das Leben.

Das bloße Gefühl zu leben,
ist Freude genug.

Emily Dickinson

Lebenskraft zeigt sich nicht nur im Stehvermögen,
sondern auch als Mut zum Neubeginn.

F. Scott Fitzgerald

DIE AUGENBLICKE, IN DENEN WIR INNEHALTEN, SIND KOSTBAR.

Voltaire

Du kannst alles wagen.
Die Welt gehört dir einen
Frühling lang.

Oscar Wilde

Jede Knospe erblüht nur ein Mal
und jede Blume hat nur ihre eine Minute
vollendeter Schönheit.

Henri Frédéric Amiel

*Lasst uns immer in
den großen Traum des Lebens
kleine bunte Träume weben.*

Jean Paul

Ein Traum in rosa

Der Frühling ist da!

... heißt es in Europa zuerst in Portugal. Von dort wandert er jeden Tag etwa 40 Kilometer nach Norden, bis er viele Wochen später in Finnland ankommt.

In Deutschland breitet sich der Frühling von Südwesten aus. Den „frühsten Frühling“ im Land kann man deshalb in der Pfalz bestaunen. Dort blühen die ersten Mandelbäume, die vor Jahrhunderten von den Römern in die Region gebracht wurden, bereits Anfang und Mitte März. Die Landschaft verwandelt sich in dieser Zeit in ein rosarotes Blütenmeer.

Bis der Frühling schließlich den Nordosten erreicht, vergeht meistens noch einmal ein ganzer Monat.
Doch dann ist sie endlich da – die magische Frühlingszeit!

Der Frühling
beginnt immer zuerst
in der Seele.
Thomas Romanus

Den Frühling
im Herzen haben heißt, im
Innersten spüren, dass alles Schöne
immer wieder von Neuem
beginnen kann.
Irmgard Erath

Jeder Tag ist aufregend,
voller kleiner Überraschungen,
wie winzige, sich langsam
öffnende Knospen am
Baum des Lebens.

Lucy Maud Montgomery

UNTER DEN HELLEN
NICKENDEN BLÜTEN
DA MÖCHT ICH LIEGEN –
UND TRÄUMEN!
Adele Schopenhauer

Jeder neue Tag

ist ein unentdecktes Land,
das Abenteuer,
Herausforderungen und
Schätze verheißt.

Ingrid Koller

Frühling

GEBURTSTAGSKALENDER

1	2	3	4	5	6
1	1	1	1	1	1
2	2	2	2	2	2
3	3	3	3	3	3
4	4	4	4	4	4
5	5	5	5	5	5
6	6	6	6	6	6
7	7	7	7	7	7
8	8	8	8	8	8
9	9	9	9	9	9
10	10	10	10	10	10
11	11	11	11	11	11
12	12	12	12	12	12
13	13	13	13	13	13
14	14	14	14	14	14
15	15	15	15	15	15
16	16	16	16	16	16
17	17	17	17	17	17
18	18	18	18	18	18
19	19	19	19	19	19
20	20	20	20	20	20
21	21	21	21	21	21
22	22	22	22	22	22
23	23	23	23	23	23
24	24	24	24	24	24
25	25	25	25	25	25
26	26	26	26	26	26
27	27	27	27	27	27
28	28	28	28	28	28
29	29	29	29	29	29
30		30	30	30	30
31		31		31	

GEBURTSTAGSKALENDER

7	8	9	10	11	12
1	1	1	1	1	1
2	2	2	2	2	2
3	3	3	3	3	3
4	4	4	4	4	4
5	5	5	5	5	5
6	6	6	6	6	6
7	7	7	7	7	7
8	8	8	8	8	8
9	9	9	9	9	9
10	10	10	10	10	10
11	11	11	11	11	11
12	12	12	12	12	12
13	13	13	13	13	13
14	14	14	14	14	14
15	15	15	15	15	15
16	16	16	16	16	16
17	17	17	17	17	17
18	18	18	18	18	18
19	19	19	19	19	19
20	20	20	20	20	20
21	21	21	21	21	21
22	22	22	22	22	22
23	23	23	23	23	23
24	24	24	24	24	24
25	25	25	25	25	25
26	26	26	26	26	26
27	27	27	27	27	27
28	28	28	28	28	28
29	29	29	29	29	29
30	30	30	30	30	30
31	31		31		31

Was die *Zukunft* bringen wird,
liegt noch im *Dunst* verborgen.

Dass es eine *schöne, erlebnisreiche Reise* wird,
bei der dich dein Lebensschiff auch sicher
durch stürmische Zeiten trägt,
das wünsche ich dir.

„Mit dir gehe ich bis ans Ende der Welt!“